絵(え)を　見て、もんだいに　答(こた)えましょう。　一つ10点

① 何(なに)が、とんで　いますか。「何(なに)が」に　あたる　ことばに、——(せん)を　引(ひ)きましょう。

［ひこうきが　とぶ。］

② だれが、わらって　いますか。「だれが」に　あたる　ことばに、——(せん)を　引(ひ)きましょう。

［赤ちゃんが　わらう。］

③ 何(なに)が、鳴(な)いて　いますか。「何(なに)が」に　あたる　ことばに、——(せん)を　引(ひ)きましょう。

［せみが　鳴(な)く。］

Congratulations!
［コングラチュレイションズ］

2 つぎの 文の 「何が」「だれが」に あたる ことばを 書きましょう。

① 犬が ほえる。

② 夕立が ふる。

③ 男の子が ころぶ。

④ 先生が 話す。

⑤ バスが 走る。

⑥ ひまわりが さく。

⑦ 友だちが 来る。

「どうする」「どんなだ」「何だ」の ことば①

1 絵を 見て、もんだいに 答えましょう。

① 星が、どうして いますか。「どうする」に あたる ことばに、――を 引きましょう。

［星が 光る。］

② ケーキは、どんなですか。「どんなだ」に あたる ことばに ――を 引きましょう。

［ケーキは おいしい。］

③ お兄さんは、何ですか。「何だ」に あたる ことばに ――を 引きましょう。

［お兄さんは 中学生だ。］

Happy birthday!
[ハピィ バースディ]

2 つぎの　文の　■に　あたる　ことばを　書きましょう。 （一つ10点）

① かえるが　はねる。 どうする

② 子ねこが　ねむる。 どうする

③ 妹が　なく。 どうする

④ へやが　あつい。 どんなだ

⑤ とうふが　やわらかい。 どんなだ

⑥ ピーマンは　野さいだ。 何だ

⑦ ぼくは　そうじ当番だ。 何だ

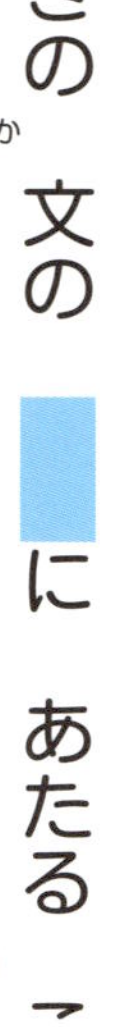
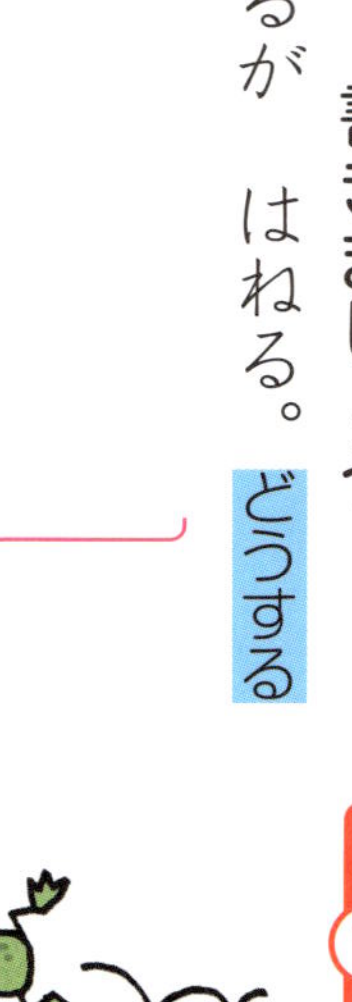

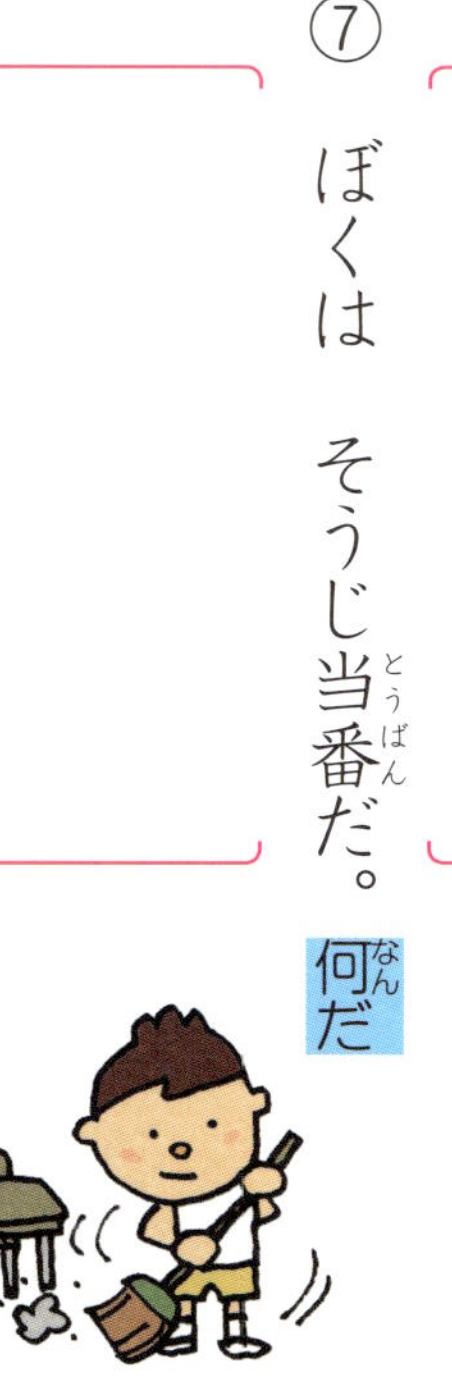

たんじょう日　おめでとう！

1-3 日目 「何を」「どこで」の ことば①

1 絵に 合うように、「何を」に あたる ことばを ◯で かこみましょう。 一つ10点

① お母さんは、{ トマト / すいか } を 切りました。

② わたしは、{ てつぼう / なわとび } を れんしゅうしました。

2 絵に 合うように、「どこで」に あたる ことばを ◯で かこみましょう。 一つ10点

① 弟が、{ 図書かん / 公園 } で あそんで います。

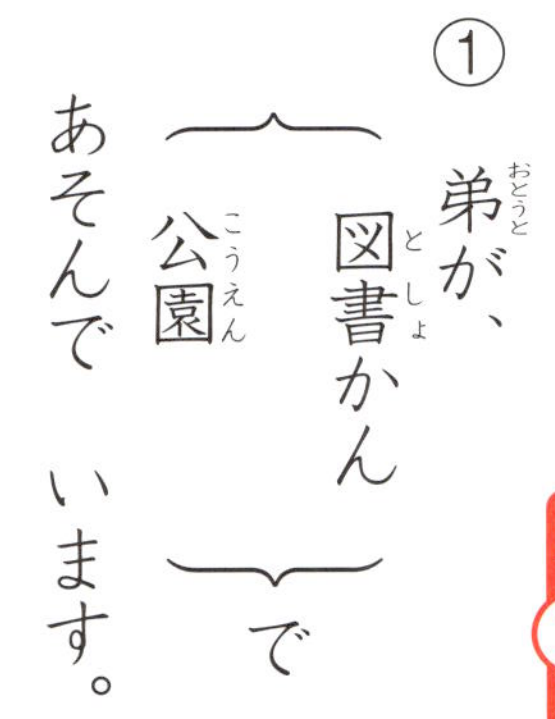

② くじらが、{ 海 / 空 } で およいで います。

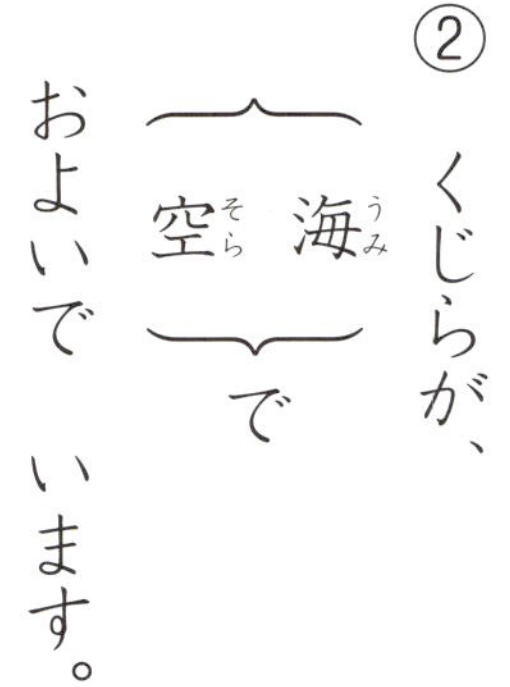

レッツ！えいご③ かいわ

I'm hungry.
[アイム　ハングリィ]

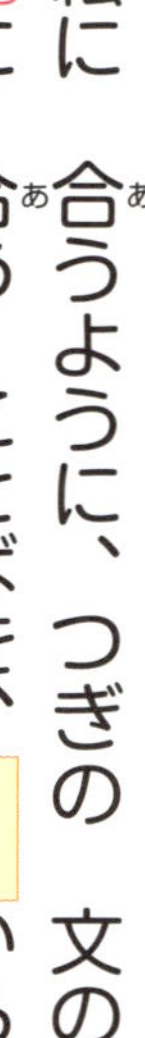

3 絵に 合うように、つぎの 文の［　］に 合う ことばを、□から えらんで 書きましょう。   一つ15点

① わたしは、［　　　］を かきました。

はがき・絵日記

② ぼくは、［　　　］を しました。

虫かご・虫とり

4 絵に 合うように、つぎの 文の［　］に 合う ことばを、□から えらんで 書きましょう。   一つ15点

① お兄さんが、［　　　］で 昼ねを して います。

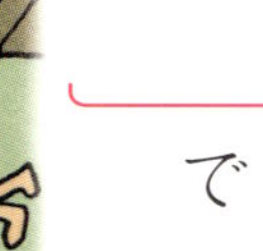

へや・にわ

② 女の子たちが、［　　　］で あそんで います。

草むら・すなはま

③やく おなかが すいて います。

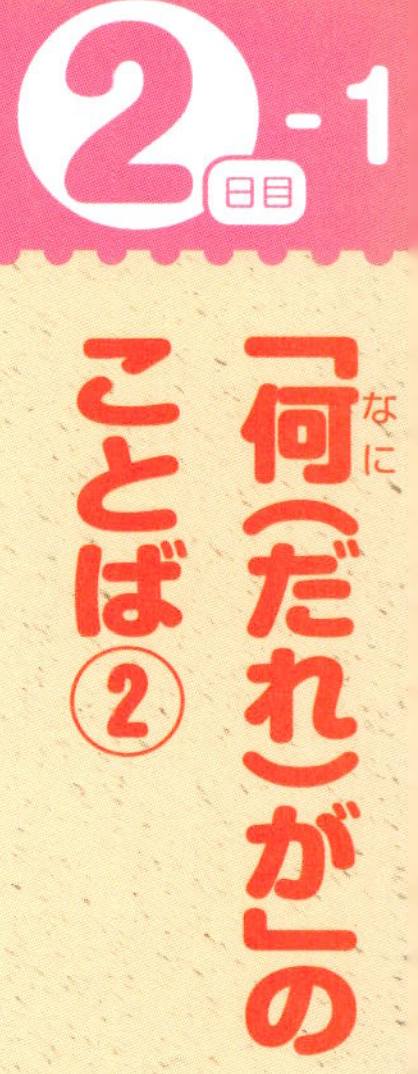

「何(なに)(だれ)が」のことば②

1 つぎの□の 文を 読(よ)んで、もんだいに 答(こた)えましょう。（一つ20点）

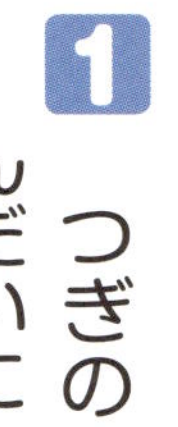
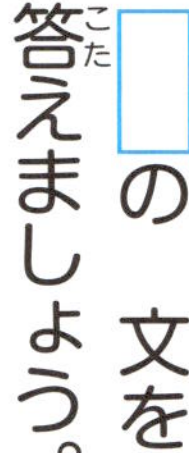

①

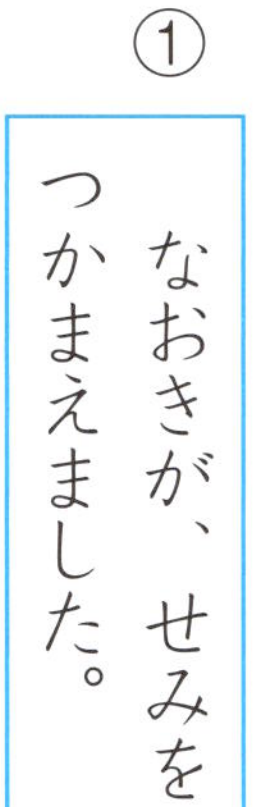

なおきが、せみを つかまえました。

◆ だれが、せみを つかまえましたか。

□□□が、つかまえました。

②

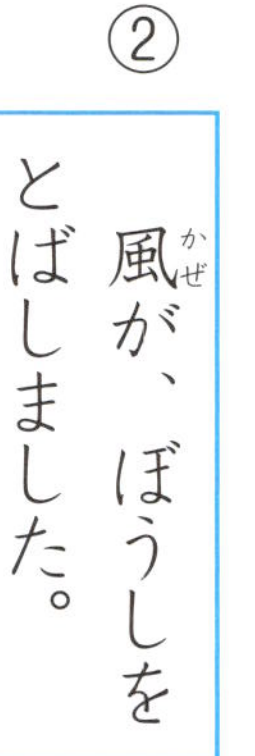

風(かぜ)が、ぼうしを とばしました。

◆ 何(なに)が、ぼうしを とばしましたか。

□が、とばしました。

③

ぼくが、歌(うた)を 歌(うた)いました。

◆ だれが、歌(うた)を 歌(うた)いましたか。

□□が、歌(うた)いました。

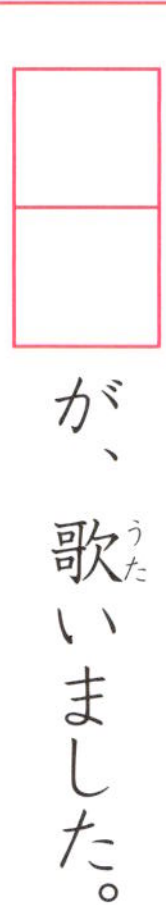

レッツ！えいご④ かいわ

I'm full.
［アイム フル］

2 つぎの □ の 文を 読んで、もんだいに 答えましょう。 一つ20点

① かずやが、ボールを なげました。

◆ ボールを なげたのは、だれですか。

（ボールを なげたのは、）□□□ です。

② まゆみが、食きを あらいました。

◆ 食きを あらったのは、だれですか。

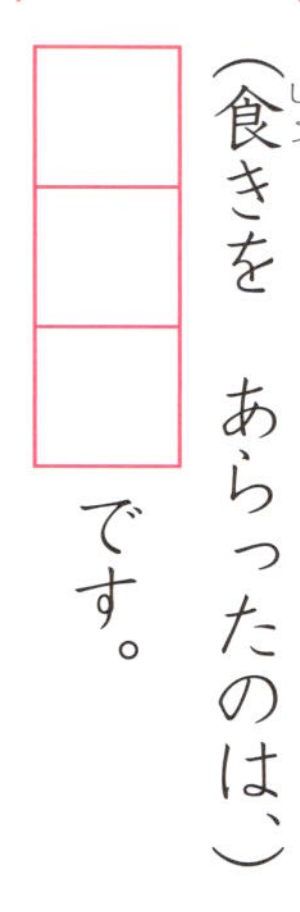

（食きを あらったのは、）□□□ です。

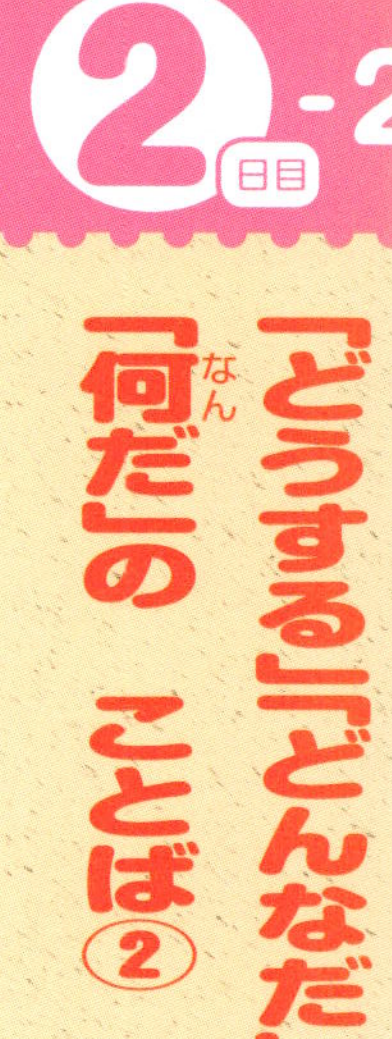

「どうする」「どんなだ」「何(なん)だ」の ことば②

1 つぎの □ の 文を 読(よ)んで、もんだいに 答(こた)えましょう。 一つ20点

① 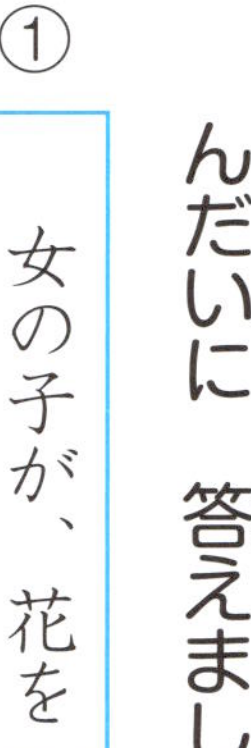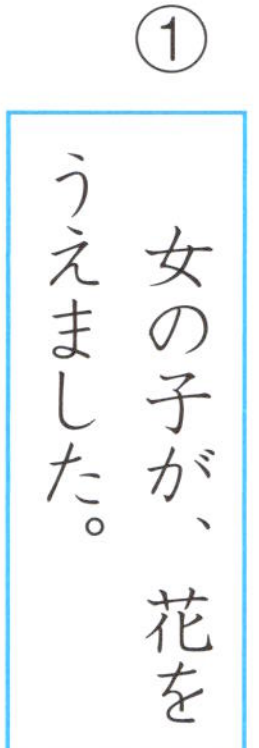

女の子が、花を うえました。

◆ 女の子が、花を どうしましたか。

［花を □□□□□。］

② 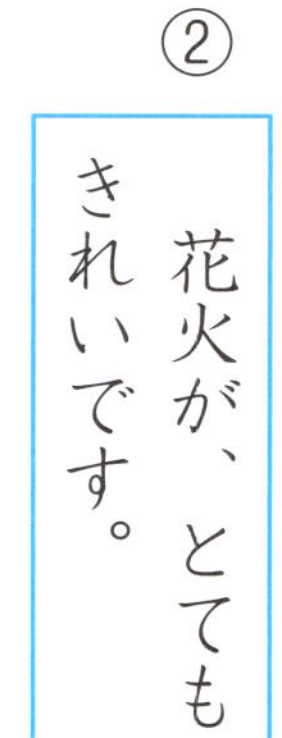

花火が、とても きれいです。

◆ 花火が、どんなですか。

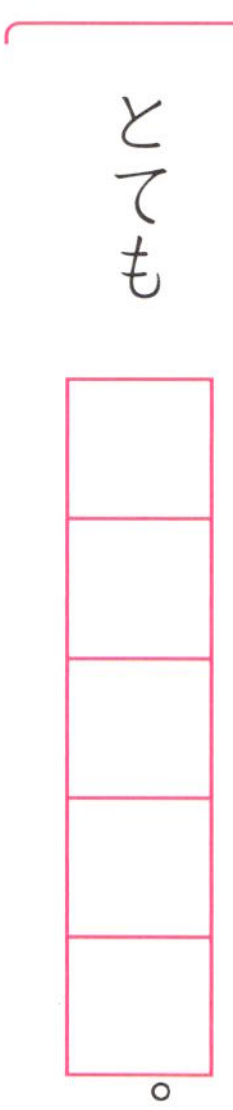

［とても □□□□□。］

③ 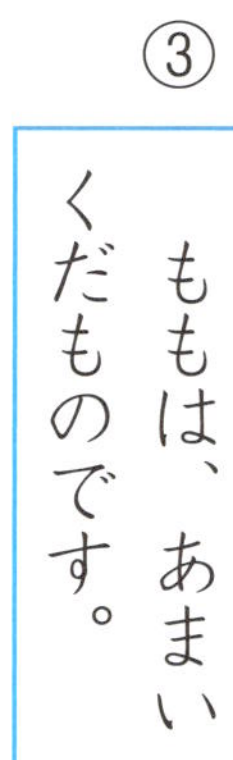

ももは、あまい くだものです。

◆ ももは、何(なん)ですか。

［あまい □□□□□□。］

レッツ！えいご⑤ かいわ

Tastes good.
［テイスツ グッド］

2 つぎの □ の 文を 読んで、もんだいに 答えましょう。

① 友だちは、家ぞくと 海へ 行きました。

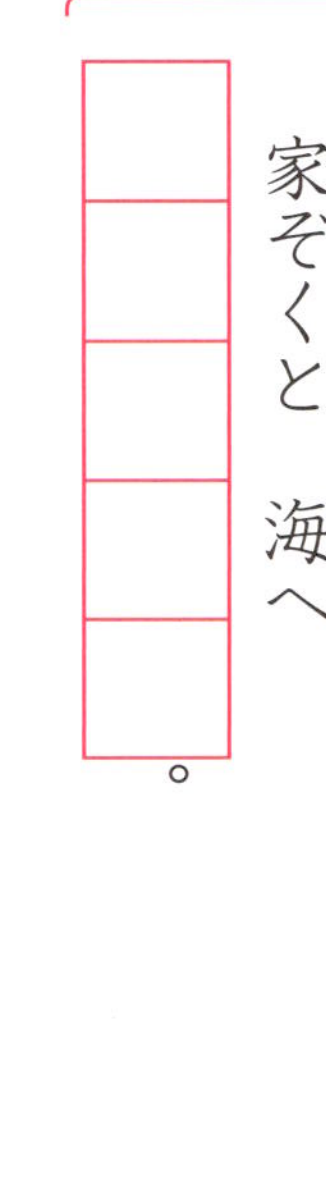

◆ 友だちは、どうしましたか。 10点

家ぞくと 海へ □□□□□。

② トンネルの 中は、ひんやりと すずしい。

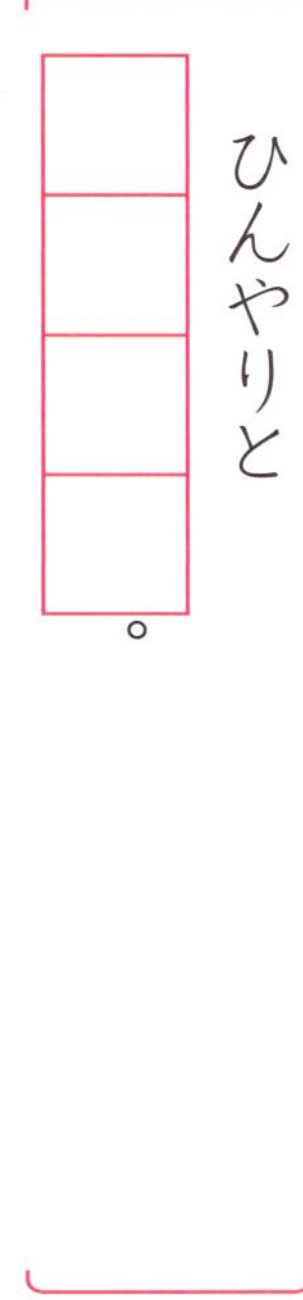

◆ トンネルの 中は、どんなですか。 15点

ひんやりと □□□□。

③ おじいさんは、学校の 先生でした。

◆ おじいさんは、何でしたか。 15点

学校の □□□□□。

⑤やくへ

おいしい。

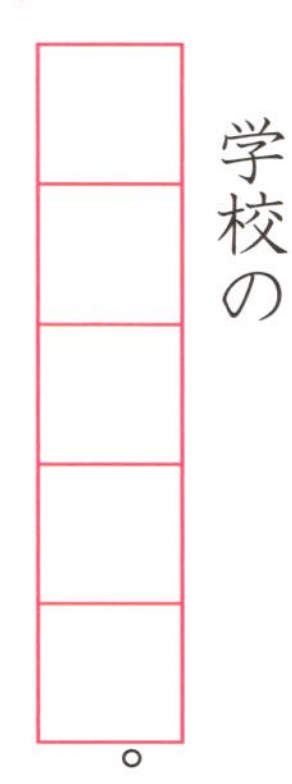

2-3 日目

「何を」「どこで」の ことば②

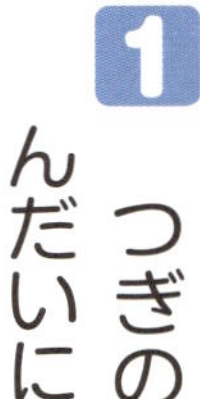

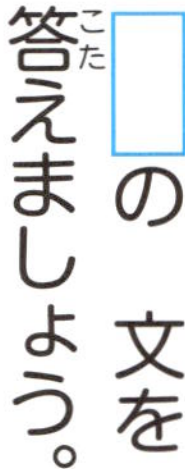

1 つぎの □ の 文を 読んで、もんだいに 答えましょう。 一つ20点

① 妹は、うれしそうに まん画を 読みました。

◆ 妹は、何を 読みましたか。

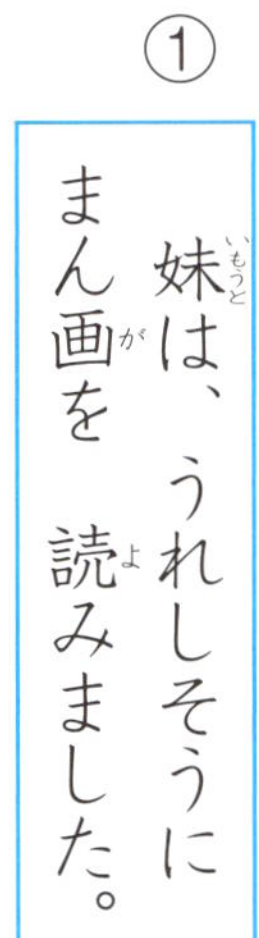

（□□□ を 読みました。）

② ともやは、朝早く カーテンを あけました。

◆ ともやは、何を あけましたか。

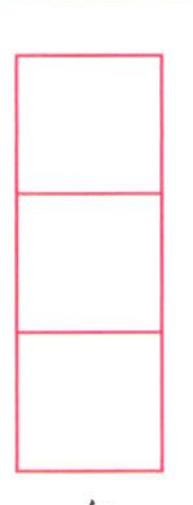

（□□□□ を あけました。）

2 （ ）に 合う ことばを 考えて 書きましょう。 20点

◆ わたしは、きのう、

▶何を

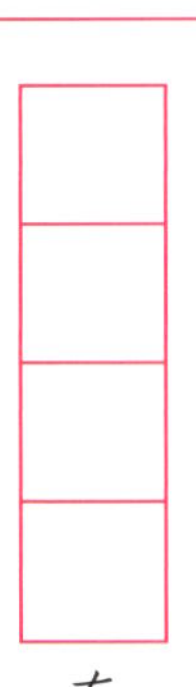

（　　　）を 食べました。

レッツ！えいご⑥ かいわ

Smells good.
［スメルズ グッド］

3 つぎの □の 文を 読んで、もんだいに 答えましょう。

一つ10点

① わたしは、友だちと いっしょに、校ていで なわとびを しました。

◆ 友だちと いっしょに、どこで 何を しましたか。

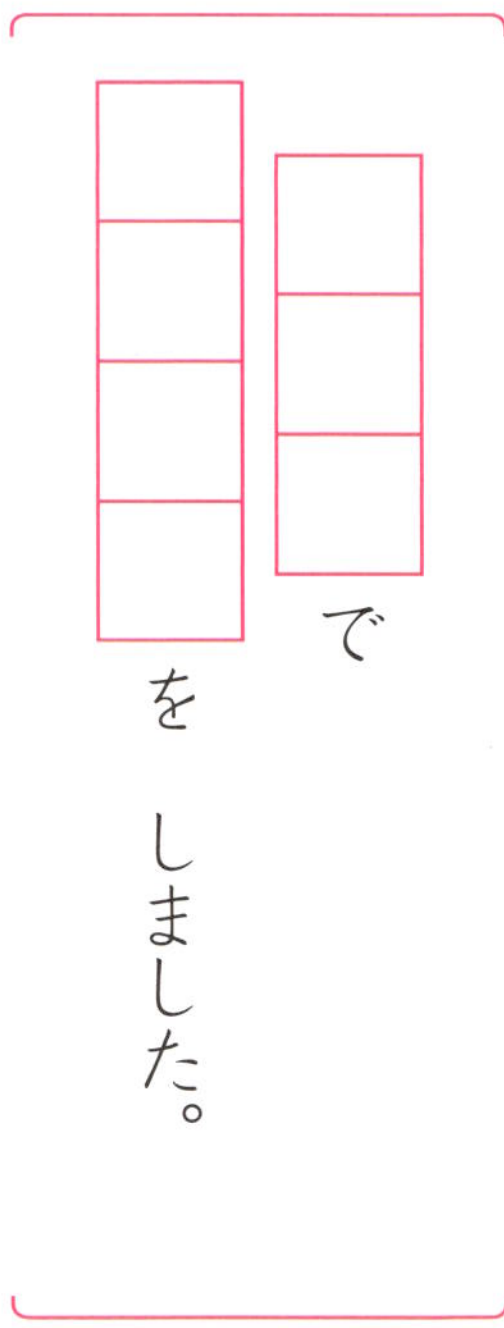
□□□ で □□□□ を しました。

② 先週、お父さんと、にわで 犬ごやを 作りました。

◆ お父さんと、どこで 何を 作りましたか。

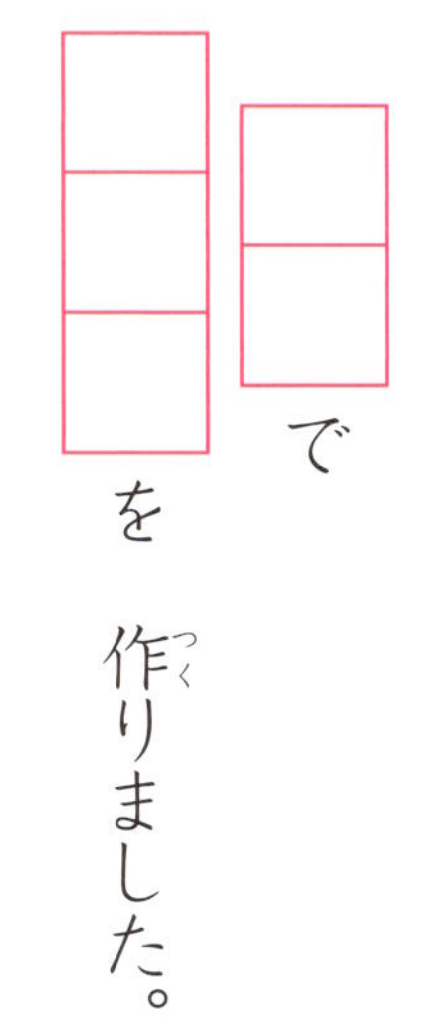
□□ で □□□ を 作りました。

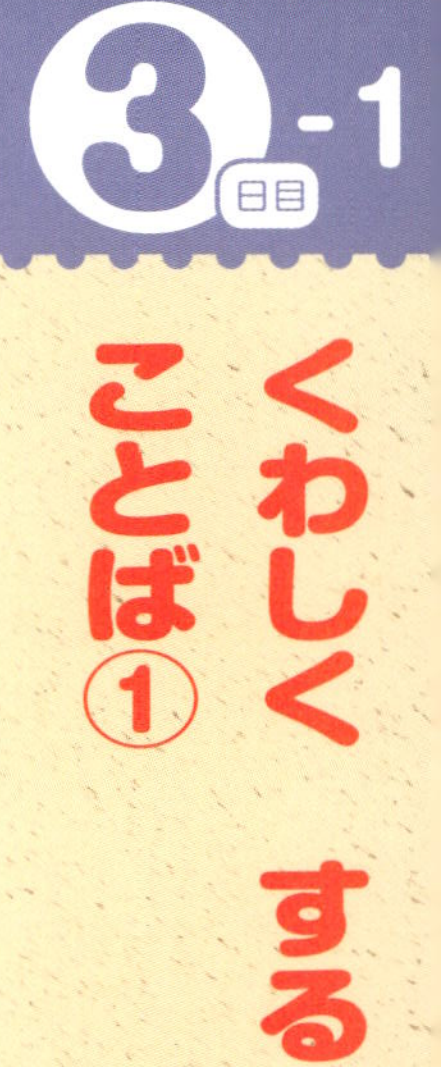

3-1日目 くわしく する ことば①

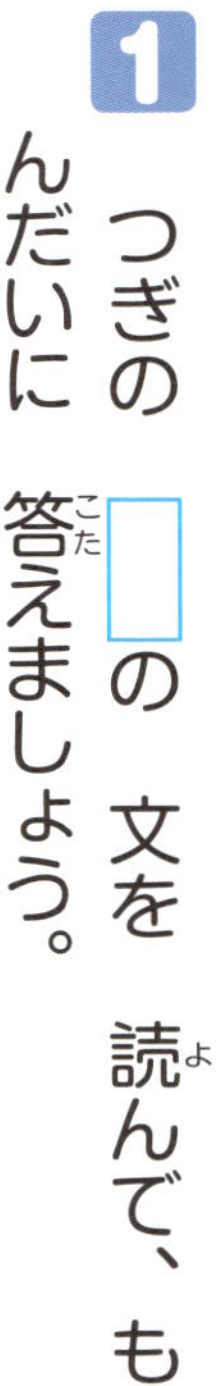

1 つぎの □ の 文を 読(よ)んで、もんだいに 答(こた)えましょう。

①

きのう、ぼくは、本を 買(か)いました。

◆ いつ、本を 買(か)いましたか。

15点

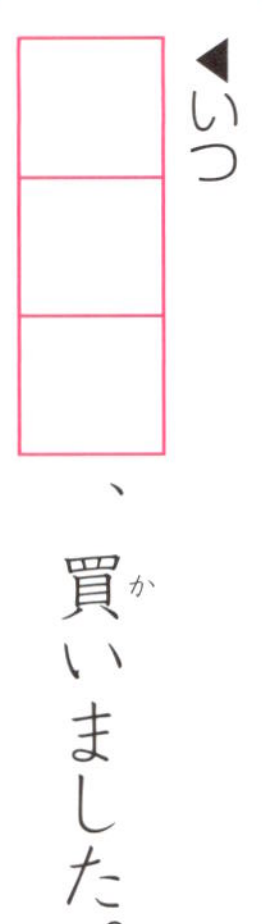

▼いつ □□□、買(か)いました。

②

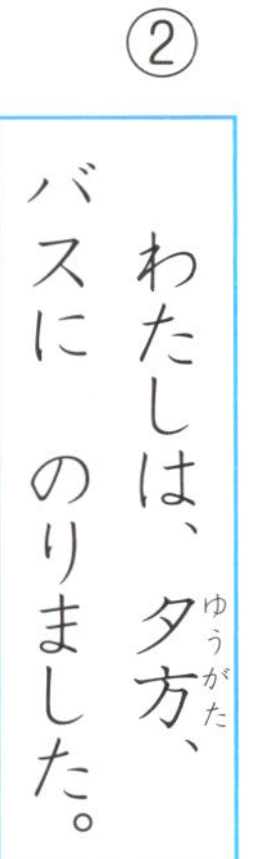

わたしは、夕方(ゆうがた)、バスに のりました。

◆ 夕方(ゆうがた)、何(なに)に のりましたか。

15点

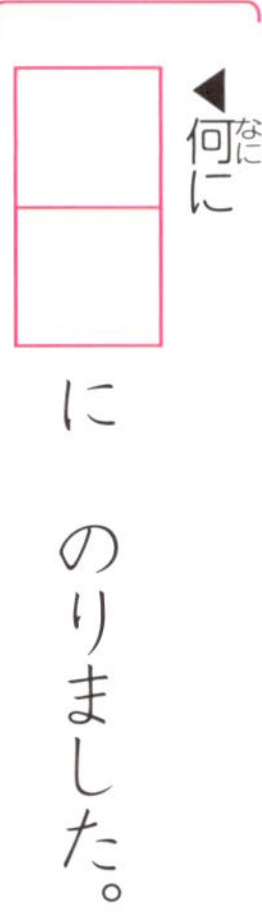

▼何(なに)に □□ に のりました。

③

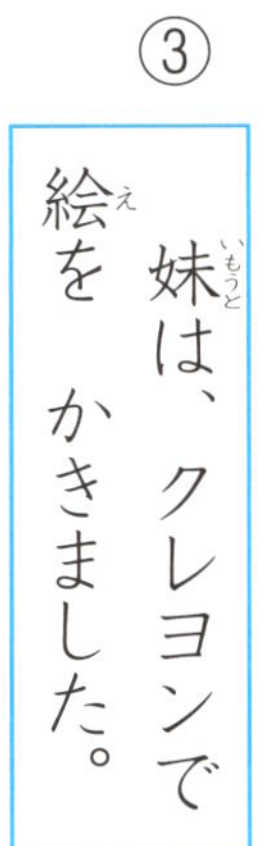

妹(いもうと)は、クレヨンで 絵(え)を かきました。

◆ 何(なに)で、絵(え)を かきましたか。 20点

▼何(なに)で □□□□ で かきました。

レッツ！えいご⑦ かいわ

It's sweet.
[イッツ スウィート]

2 つぎの□の 文を 読んで、もんだいに 答えましょう。

① わたしは、友だちに、電話を かけました。

◆ だれに、電話を かけました か。 15点

［□□□に、かけました。］

② 弟は、一時間くらい、ゲームを しました。

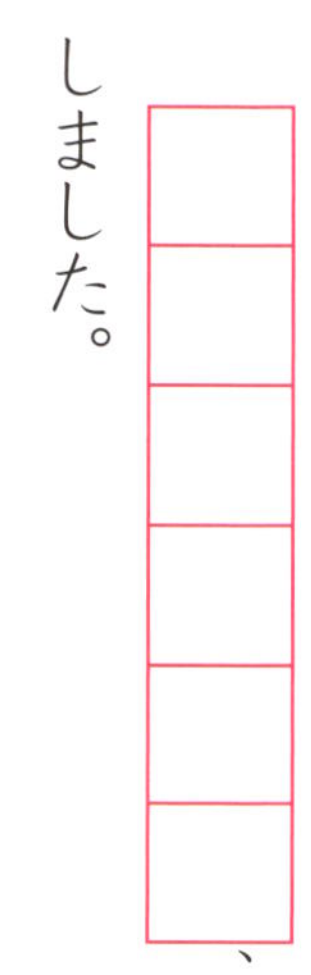

◆ どのくらい、ゲームを しましたか。 15点

［□□□□□□、しました。］

③ お父さんが、えきから、自てん車で、帰って きました。

◆ どこから、何で、帰って きましたか。 一つ10点

［□□から、□□□□で、帰って きました。］

⑦やく あまい。

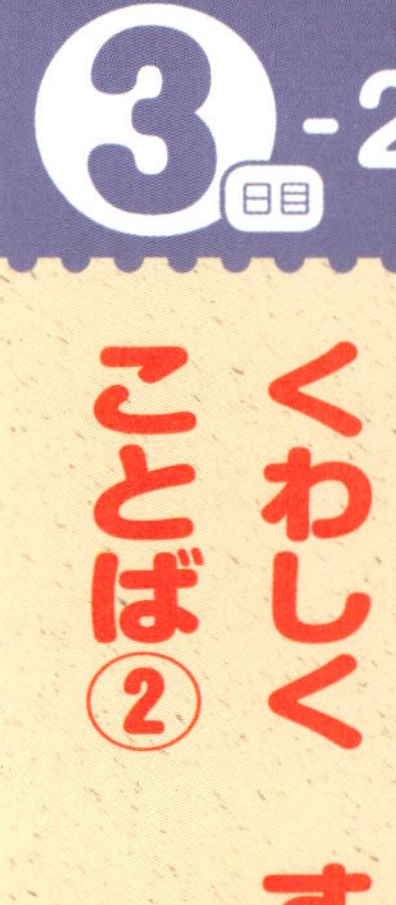

3-2 日目 くわしく する ことば②

1 つぎの □ の 文を 読んで、もんだいに 答えましょう。

① ぼくは、白い シャツを きて います。

◆ どんな シャツを きて いますか。

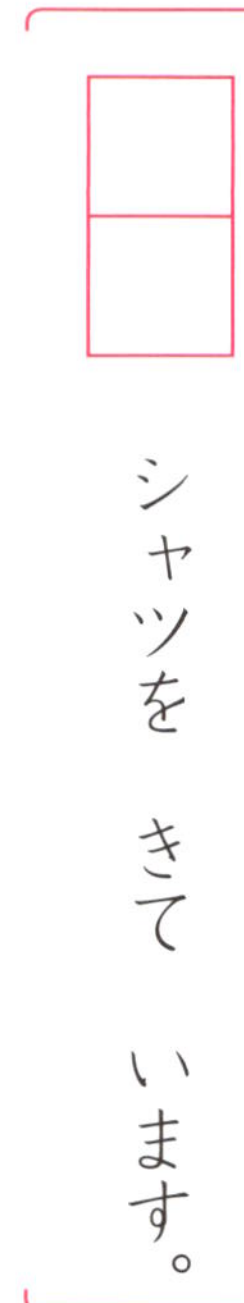

[□□ シャツを きて います。]

② わたしは、大きな 船に のりました。

◆ どんな 船に のりましたか。

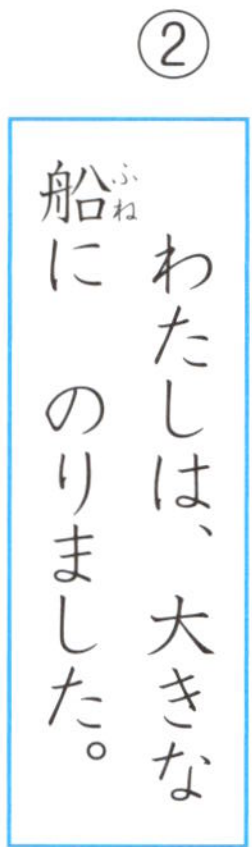

[□□□ 船に のりました。]

③ 目の 前で、こわそうな 犬が ほえて います。

◆ どんな 犬が ほえて いますか。

[□□□□□ 犬が ほえて います。]

レッツ！えいご⑧ かいわ

It's sour.
[イッツ サウア]

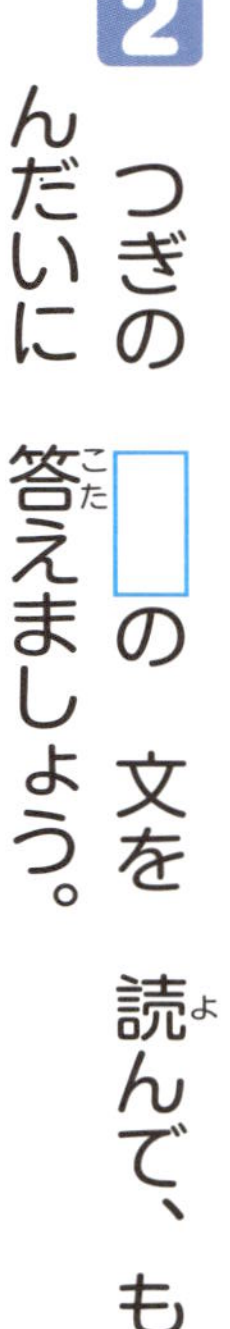

2 つぎの □ の 文を 読(よ)んで、もんだいに 答(こた)えましょう。

① ぼくは、朝(あさ)まで ぐっすり ねむりました。

◆ どのように ねむりましたか。 10点

〔 朝(あさ)まで □□□□ ねむりました。 〕

② たくさんの シャボン玉が、ふわふわ とんで いきます。

◆ シャボン玉が、どのように とんで いきますか。 10点

〔 □□□□ とんで いきます。 〕

③ いずみの 水は、こおりみたいに つめたい。

◆ いずみの 水は、どのように つめたいのですか。 20点

〔 □□□□□□□ つめたい。 〕

⑧やく すっぱい。

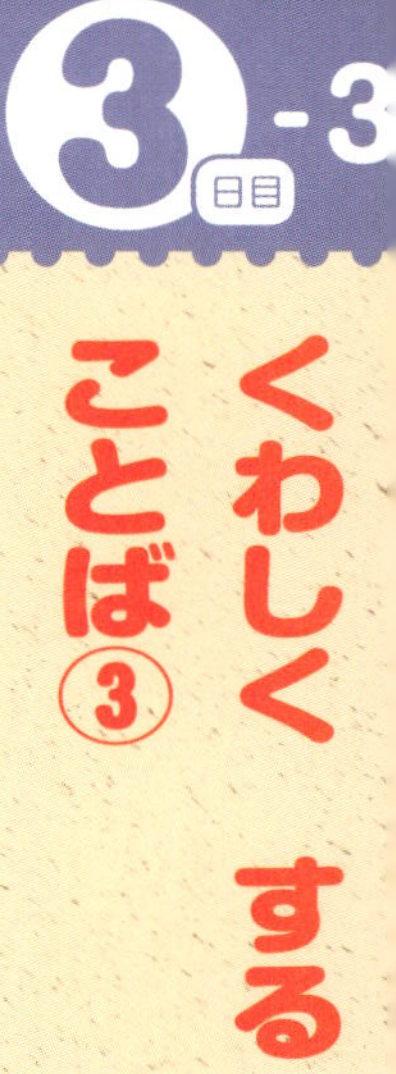

1 つぎの□の 文を 読んで、もんだいに 答えましょう。（一つ10点）

ぼくは、きのう、お母さんと、レストランで、おいしい オムライスを 食べました。

① いつ、オムライスを 食べましたか。

［□□□、食べました。］

② だれと、オムライスを 食べましたか。

［□□□□と 食べました。］

③ どこで、オムライスを 食べましたか。

［□□□□□で 食べました。］

④ どんな オムライスでしたか。

［□□□□オムライスでした。］

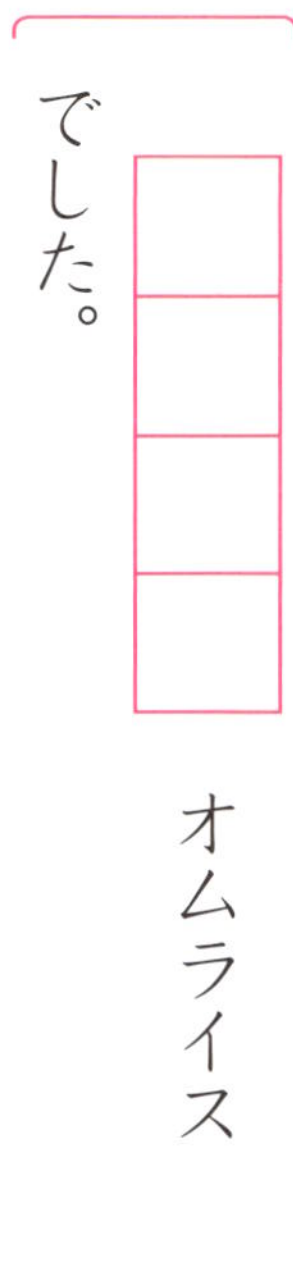

2 つぎの □ の 文を 読んで、もんだいに 答えましょう。

午前中、わたしは、
学校の プールで、
一生けんめい
クロールを
れんしゅうしました。

① いつ、れんしゅうを しましたか。

［ □□□、れんしゅうを しました。 ］

② どこで、れんしゅうを しましたか。

［ 学校の □□□で、れんしゅうを しました。 ］

③ 何を れんしゅうしましたか。

［ □□□□を れんしゅうしました。 ］

④ どのように れんしゅうしましたか。

［ □□□□□□、れんしゅうしました。 ］

⑨やく しおからい。

せつ明文の読みとり①

1 つぎの 文しょうを 読んで、もんだいに 答えましょう。 一つ25点

春に なると、たんぽぽの 黄色い きれいな 花が さきます。

二、三日 たつと、その 花は しぼんで、だんだん 黒っぽい 色に かわって いきます。

平成27年度版 光村図書 こくご2上 24～25ページより
『たんぽぽの ちえ』植村利夫

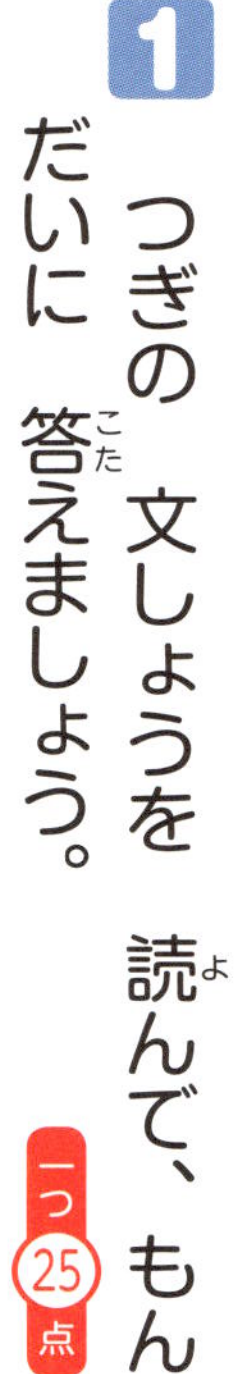

① たんぽぽの 花は、いつ さきますか。

［　　］に なると、さきます。

② 花が さいてから 二、三日 たつと、花は どう なって いきますか。

しぼんで、だんだん［　　］色に かわって いきます。

2 つぎの 文しょうを 読んで、もんだいに 答えましょう。 一つ25点

よく 晴れて、風の ある 日には、わた毛の らっかさんは、いっぱいに ひらいて、遠くまで とんで いきます。

でも、しめり気の 多い 日や、雨ふりの 日には、わた毛の らっかさんは、すぼんで しまいます。

『たんぽぽの ちえ』植村利夫
平成27年度版 光村図書 こくご２上 28～29ページより

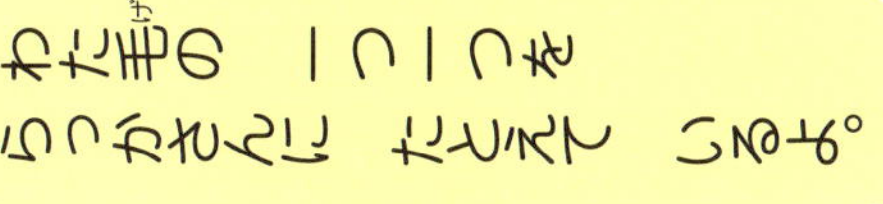

① わた毛の らっかさんが 遠くまで とんで いくのは、どんな 日ですか。

〔 よく 晴れて、□の ある 日です。 〕

② しめり気の 多い 日や、雨ふりの 日には、わた毛の らっかさんは、どう なって しまいますか。

〔 □ しまいます。 〕

⑩やく ケーキ

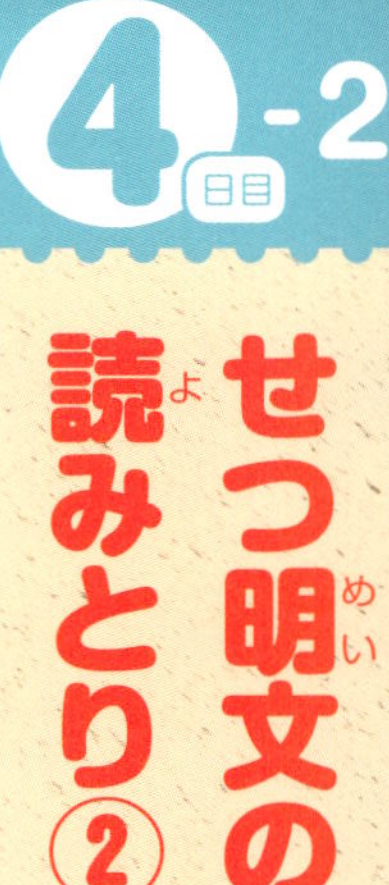

4-2日目 せつ明文の 読みとり②

1 つぎの 文しょうを 読んで、もんだいに 答えましょう。 一つ25点

冬の 間に、たまごから さけの 赤ちゃんが 生まれます。大きさは 三センチメートルぐらいです。その 時は、おなかに、赤い ぐみの みのような、えいようの 入った ふくろが ついて います。やがて、それが なくなって、四センチメートルぐらいの 小魚に なります。

平成27年度版 教育出版 小学国語2下 34〜35ページより
『さけが大きくなるまで』

① 生まれたばかりの さけの 赤ちゃんは、どれぐらいの 大きさですか。

［　　　　］ぐらいです。

② 生まれたばかりの さけの 赤ちゃんの おなかには、何が ついて いますか。

赤い ぐみの みのような、えいようの 入った［　　　］が ついて います。

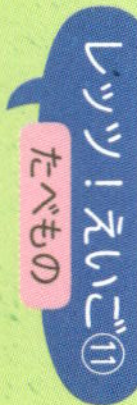

candy
［キャンディ］

2 つぎの 文しょうを 読んで、もんだいに 答えましょう。（一つ25点）

ふろしきは、日本で むかしから つかわれて いる、四角い ぬのです。ふろしきは、いろいろな 形や 大きさの ものを つつんで はこぶ ことが できます。丸くて 大きな すいかも、四角い はこも、細長い びんも、どれも うまく つつむ ことが できます。つつむ ものに 合わせて、ぬのを むすぶ ことが できるからです。

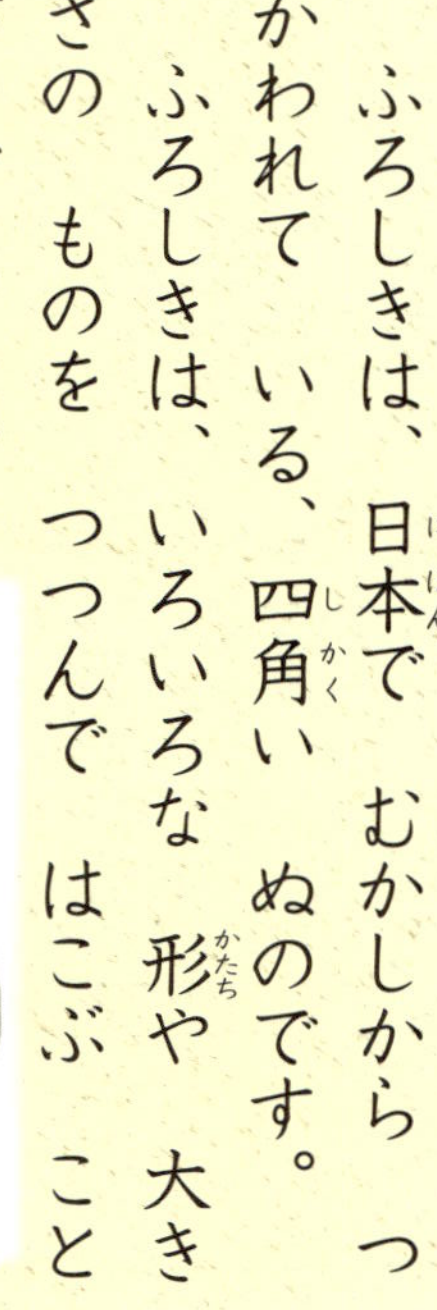

平成27年度版 東京書籍 新しい国語2上 78ページより
『ふろしきは、どんな ぬの』

① 何に ついて 書かれて いますか。

［　　　　　］が できる ことに ついて 書かれて います。

② ふろしきが、いろいろな 形や 大きさの ものを うまく つつむ ことが できるのは、どうしてですか。

つつむ ものに 合わせて、ぬのを ［　　　　　］ ことが できるからです。

せつ明文の読みとり③

1 つぎの　文しょうを　読んで、もんだいに　答えましょう。（一つ25点）

　木の　みきに、円い　あなが　空いて
います。いったい、だれが　空けたので
しょう。
　答えは、カミキリムシです。木の　み
きの　中で　そだった　カミキリムシは、
大きく　なると、するどい　大あごで
みきを　かじって、あなを　空け、外に
出て　きます。

平成23年度版　東京書籍　新しい国語2下　102～103ページより
『虫は　道具を　もって　いる』澤口たまみ

① 何が、木の　みきに　あなを　空けたのですか。

〔　　　　　　　　です。〕

② カミキリムシは、何で　木の　みきに　あなを　空けますか。

〔するどい　　　　　　　で　空けます。〕

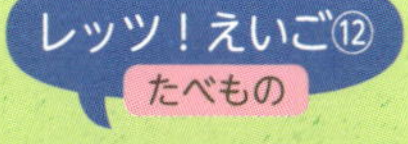

milk
［ミルク］

2 つぎの　文しょうを　読んで、もんだいに　答えましょう。

人間なら　道具を　つかって　するような　ことを、虫たちは　自分の　体で　するのです。いったい、どんな　ことを　するのでしょう。ケラは、強くて　かたい　前足で　土を　ほり、かき分けて、すすんで　いきます。人間が　くまでを　つかって　土を　ほるのに　にて　います。

『虫は　道具を　もって　いる』澤口たまみ　平成23年度版　東京書籍　新しい国語2下　104ページより

① どんな　ことに　ついて　書かれて　いますか。（20点）

虫たちが、自分の　□　を　道具のように　つかって　する　ことに　ついて　書かれて　います。

② ケラは、何を　つかって　土を　ほりますか。（10点）

強くて　かたい　□　を　つかいます。

③ ケラが　土を　ほるのは、人間が　何を　つかうのに　にて　いますか。（20点）

□　を　つかうのに　にて　います。

5-1 日目

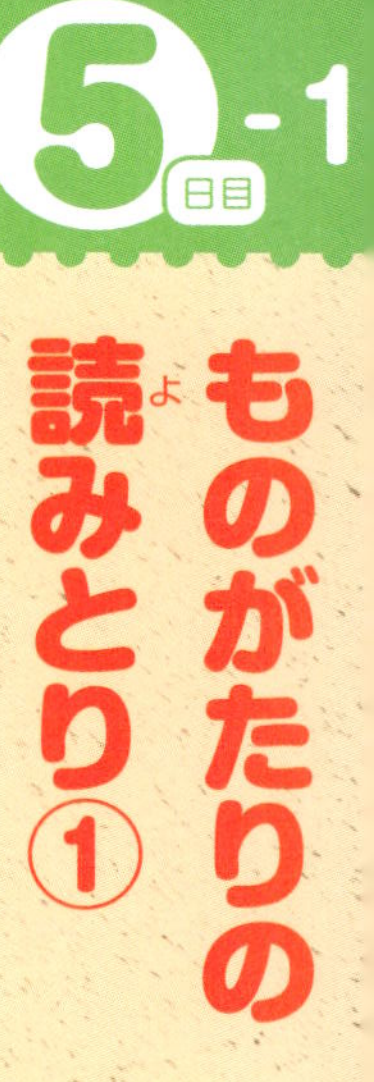

ものがたりの 読みとり①

月　日　点　100点シール

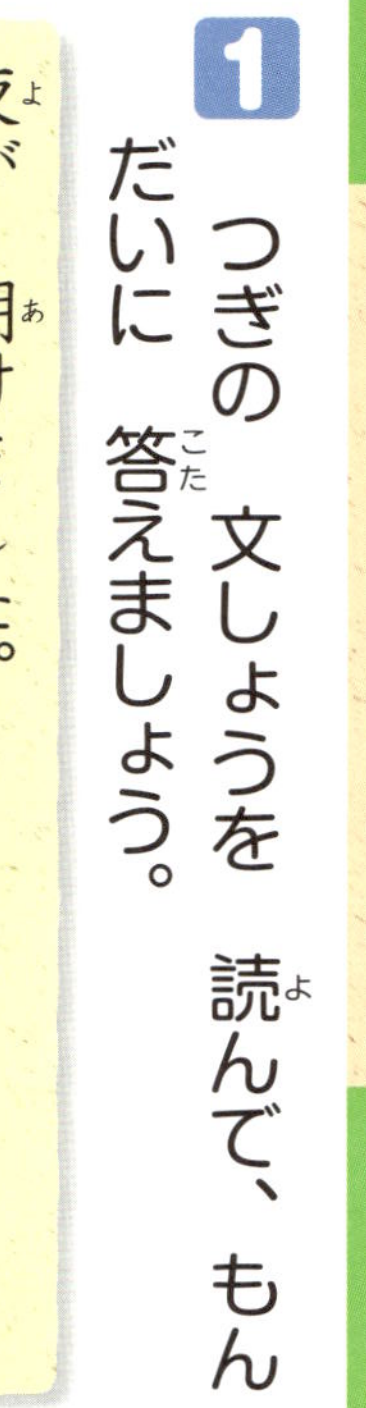

1 つぎの 文しょうを 読んで、もんだいに 答えましょう。

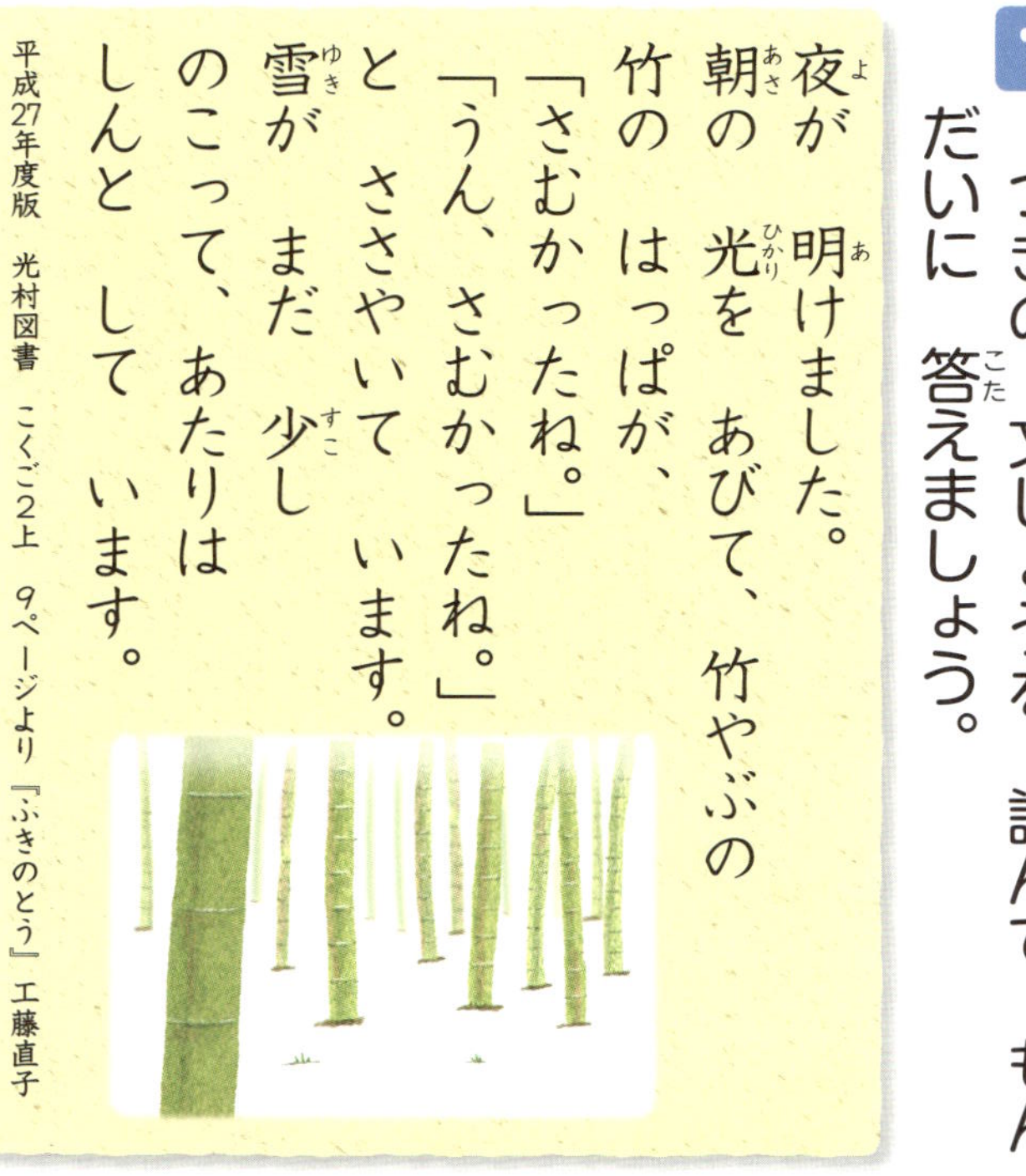

夜が 明けました。
朝の 光を あびて、竹やぶの
竹の はっぱが、
「さむかったね。」
「うん、さむかったね。」
と ささやいて います。
雪が まだ 少し
のこって、あたりは
しんと して います。

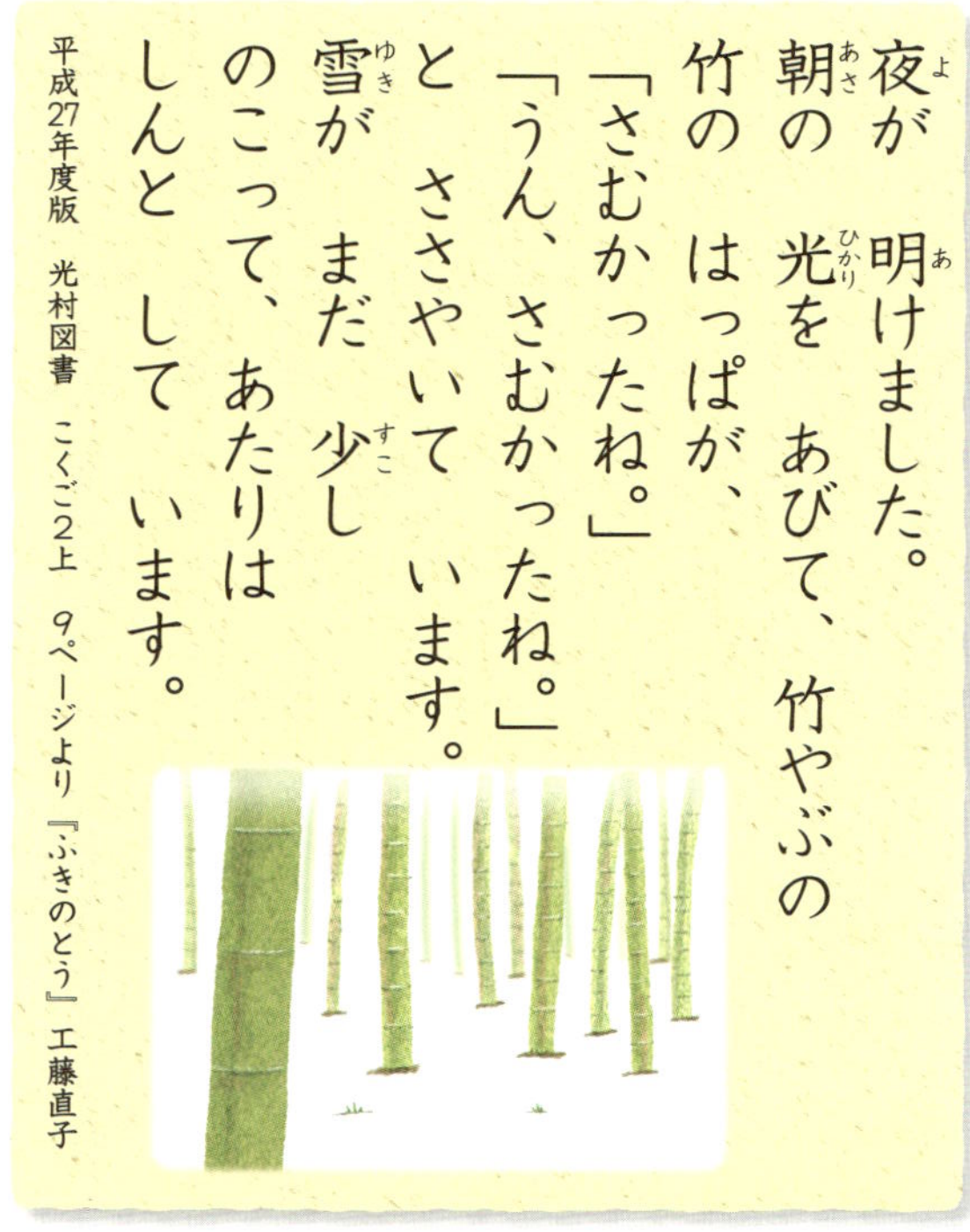

平成27年度版　光村図書　こくご2上　9ページより『ふきのとう』工藤直子

① 一日の うちの いつの 話ですか。（15点）

［□の 話です。］

② どこでの 話ですか。（15点）

［□□□での 話です。］

③ ささやいて いるのは、何ですか。（20点）

［竹の □□□です。］

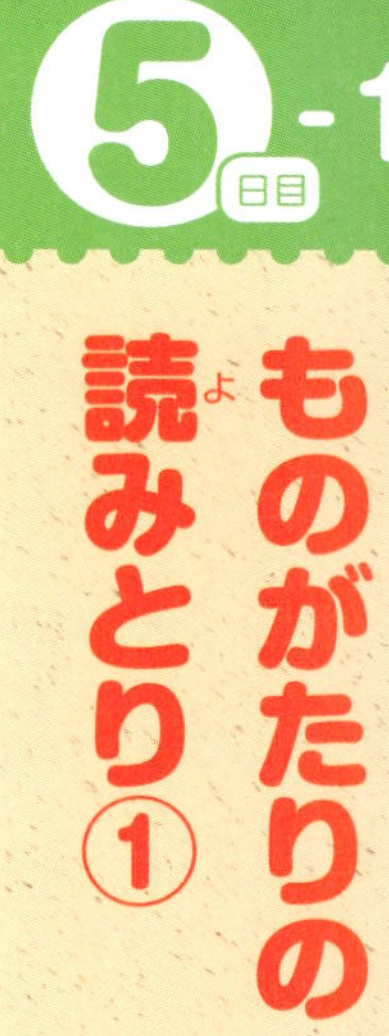

レッツ！えいご⑬ たべもの
juice
［ジュース］

2 つぎの 文しょうを 読んで、もんだいに 答えましょう。

どこかで、小さな 声が しました。
「よいしょ、よいしょ。
おもたいな。」
竹やぶの そばの
ふきのとうです。
雪の 下に 頭を
出して、雪を
どけようと、ふんばって いる ところ
です。
「よいしょ、よいしょ。外が 見たいな。」

平成27年度版 光村図書 こくご2上 10ページより 『ふきのとう』 工藤直子

① 「よいしょ、よいしょ。」と 言って いるのは、何ですか。 10点

［竹やぶの そばの ＿＿＿＿ です。］

② ふきのとうは、何を して いますか。 20点

［頭の 上の 雪を どけようと、＿＿＿＿ います。］

③ ふきのとうは、雪を どけて、どう したいと 思って いますか。 20点

［＿＿ が 見たいと 思って います。］

⑬すへ ジュース

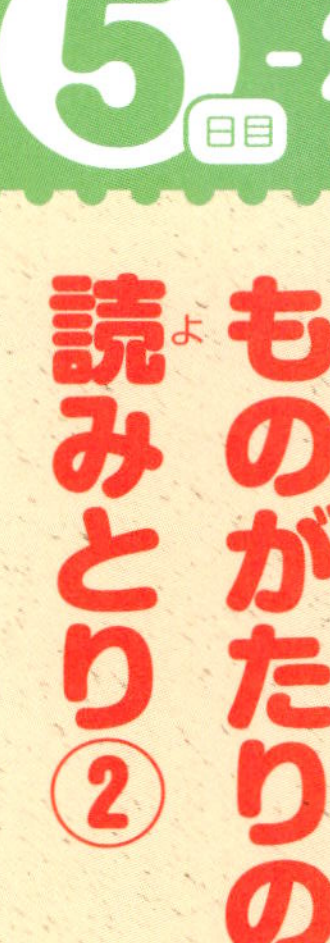

5-2日目 ものがたりの読みとり②

月　日　点　100点シール

1 つぎの　文しょうを　読んで、もんだいに　答えましょう。

ちょうちょは、まどの　方へ　ひらひら　とんで　いきました。

「にげちゃ　だめ！」

ウーフが　まどを　しめました。ちょうちょの　羽が、まどに　はさまりました。

「あっ。」

ウーフが　まどを　あけると、風が　ちょうちょを　ふきこみました。

平成23年度版　教育出版　小学国語２下　133〜134ページより
『ちょうちょだけに、なぜなくの』神沢利子

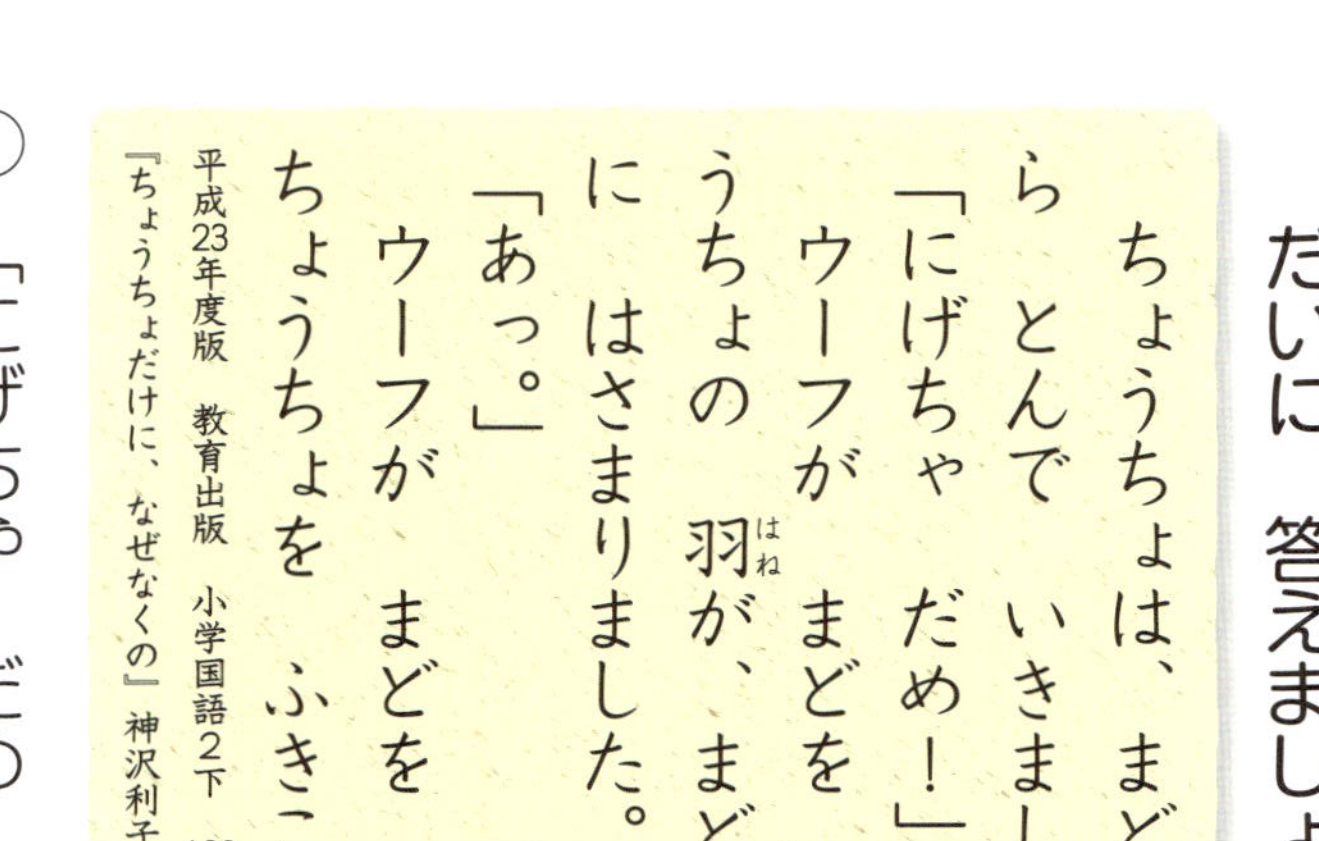

① 「にげちゃ　だめ！」と　言ったのは、だれですか。（15点）

［　　　　です。］

② ちょうちょが　にげないように、ウーフは、どう　しましたか。（15点）

［　　　　を　しめました。］

③ ちょうちょは、どう　なりましたか。（20点）

［羽が　まどに　□□□□ました。］

レッツ！えいご⑭　たべもの

salt
［ソールト］

2 つぎの 文しょうを 読んで、もんだいに 答えましょう。

「あっ、いたいっ。」
のばらの とげが、足に ひっかかりました。ひざの ところから、少し ちが 出て きました。かおるは、しゃがんで、ぎゅっと 口を とじて、なくのを がまんしました。
「どうしたの。けがしたの。」
小さい 声が しました。はっぱの 上で、うすみどりの ばったが こっちを 見て います。

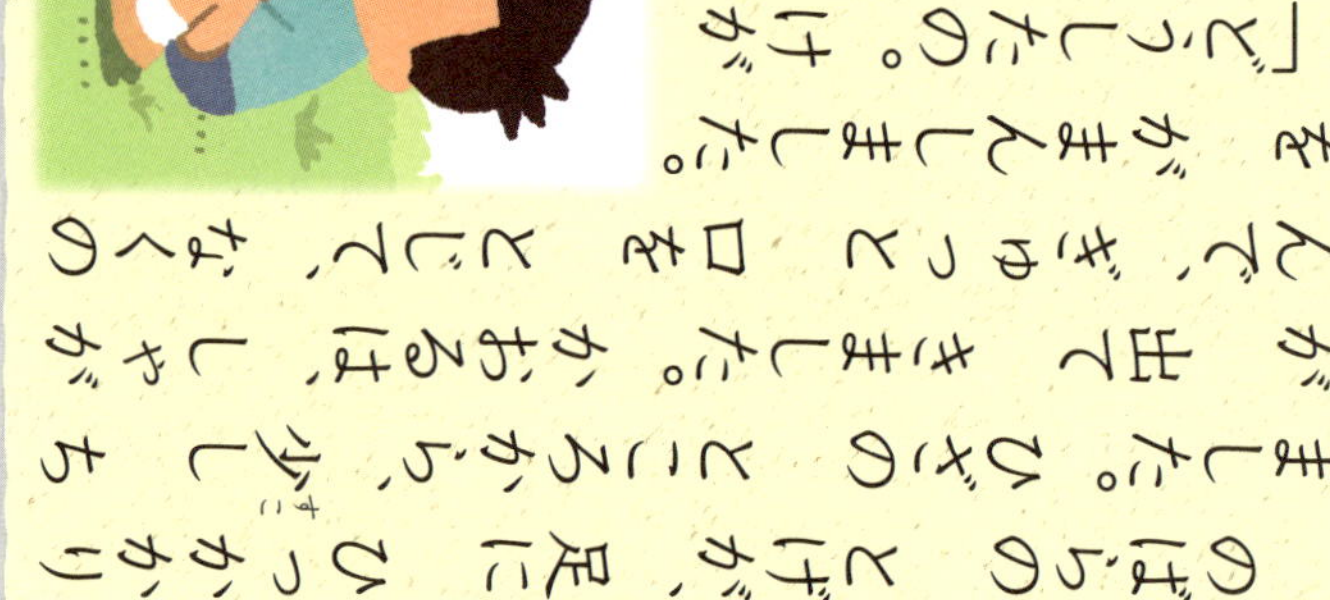

平成23年度版 東京書籍 新しい国語2上 9ページより『かくれんぼ』竹下文子

① 「あっ、いたいっ。」と 言ったのは、だれですか。（15点）

［　　　　です。］

② かおるは、何を がまんしましたか。（15点）

［　　　　のを がまんしました。］

③ 「どうしたの。けがしたの。」と 言ったのは、だれですか。（20点）

［うすみどりの　　　　です。］

⑭さくしお

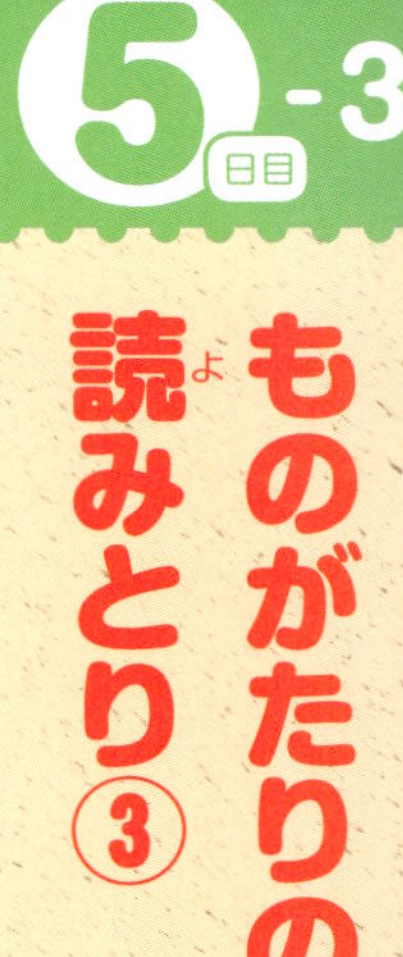

5日目-3 ものがたりの読みとり③

月　日　点

1 つぎの 文しょうを 読んで、もんだいに 答えましょう。　一つ25点

「くもさん、ゆうびんです。おや、くもさんは、お昼ね中だ。」

ゆうびんやさんは、くもの すの はしっこに、小さな みどり色の ふうとうを、ていねいに はさみました。くもが 目を さましたら、すぐ 気が つくように。

平成27年度版　東京書籍　新しい国語2上　17ページより
『風の ゆうびんやさん』　竹下文子

① ゆうびんやさんが はいたつに 来た とき、くもは、何を して いましたか。

〔　　　　を して いました。〕

② ゆうびんやさんは、ふうとうを どう しましたか。

〔くもの すの はしっこに、　　　　に はさみました。〕

sugar
［シュガァ］

2 つぎの 文しょうを 読んで、もんだいに 答えましょう。

「かおり。もうすぐ、雨が ふるぞ。」

わたしは、ベランダに 走って いって、せんたくものを 中に 入れた。

お父さんが しごとで つかう タオルが、いっぱい ほして あった。

ザーッと、大きな 雨つぶが、おちて きた。

お父さんは、天気よほうの 名人だ。

平成27年度版 学校図書 小学校こくご2下 120ページより
『お父さんの手』まはら三桃

① かおりは、もうすぐ 雨が ふると お父さんに 言われて、どう しましたか。（15点）

ベランダに 走って いって、タオルなどの［　　　］を 中に 入れました。

② ベランダに、タオルは どのくらい ほして ありましたか。（15点）

［　　　］ほして ありました。

③ かおりは、お父さんの ことを 何の 名人だと 思いましたか。（20点）

［　　　］の 名人だと 思いました。

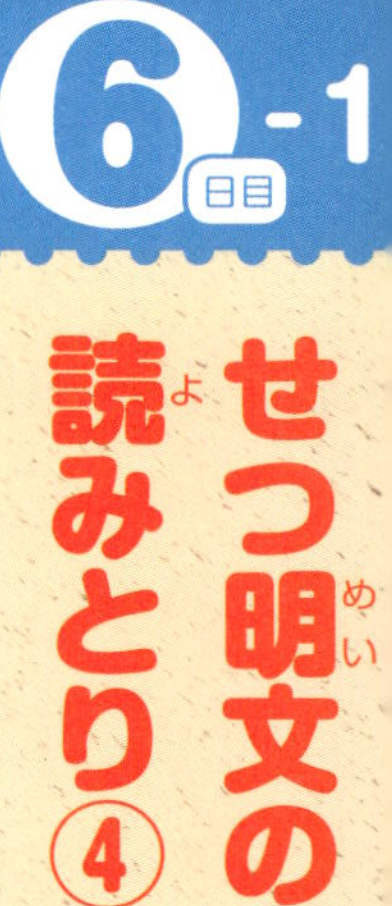

せつ明文の読みとり④

1 つぎの 文しょうを 読んで、もんだいに 答えましょう。 一つ20点

すみれは、花を さかせた 後、みを つけます。みの 中には、たくさんの たねが できて います。

よく 晴れた 日に、みは、三つに さけて ひらきます。

そして、みの 中から、たねが いきおいよく とび出します。とび出した たねは、つぎつぎと、近くの 地めんに おちて いきます。

平成27年度版 教育出版 小学国語2上 31ページより
『すみれと あり』矢間芳子

① すみれの みの 中には、何が できて いますか。

たくさんの [　　　　] が できて います。

② よく 晴れた 日に、みは、どう なりますか。

[　　　　] に さけて ひらき、中から たねが いきおいよく [　　　　] ます。

レッツ！えいご⑯ たべもの

tomato
[トメイトウ]

2 つぎの文しょうを読んで、もんだいに答えましょう。

すみれは、なかまを　ふやす　ために、いろいろな　場しょに　めを　出そうと　します。しかし、自分では、たねを　近くの　地めんにしか、とばす　ことが　できません。そこで、すみれは、ありの　すきな　白い　かたまりを　たねに　つけて、いろいろな　場しょに　はこんで　もらうのです。

『すみれと　あり』矢間芳子　平成27年度版　教育出版　小学国語２上　33〜34ページより

① すみれは、何の　ために、いろいろな　場しょに　めを　出そうと　するのですか。（20点）

なかまを［　　　］ためです。

② すみれは、ありに　たねを　はこんで　もらう　ために、たねに　何を　つけて　いますか。（一つ10点）

白い［　　　］の　すきな［　　　］を　つけて　います。

ヒント ⑯ページへ

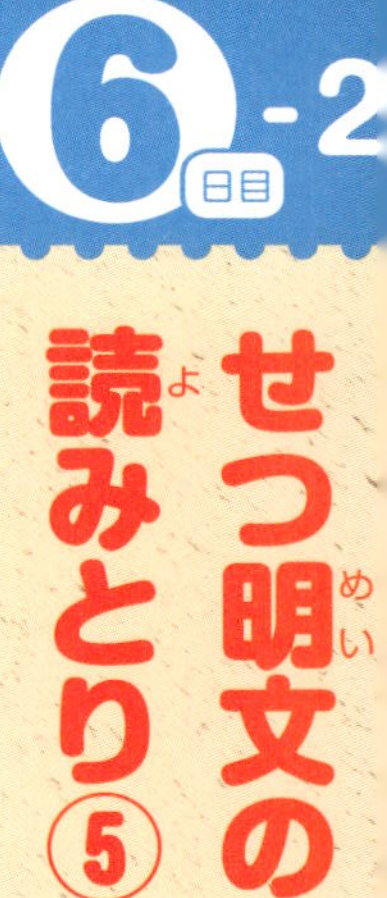

月　　日　　点　　100点シール

1 つぎの　文しょうを　読んで、もんだいに　答えましょう。（一つ20点）

わたしたちは、野さいの　どこを　食べるのでしょうか。
地上に　のびた　くきを　食べる　野さいには、アスパラガスが　あります。アスパラガスは、大きく　なりすぎる　前の　わかい　くきを　食べます。

平成27年度版　学校図書　小学校こくご２下　7ページより
『食べるのは、どこ』

① 何に　ついて　書いて　ありますか。

わたしたちは、［　　　］の　どこを　食べるのかと　いう　ことに　ついて　書いて　あります。

② わたしたちは、アスパラガスの　どこを　食べますか。

大きく　なりすぎる　［　］の　わかい　［　　　］を　食べます。

potato
［ポテイトウ］

2 つぎの 文しょうを 読んで、もんだいに 答えましょう。

うえ木ばちの そこには、あなが あいて います。これは、いらない 水を 外に 出す ための あなです。たくさん 水を やった ときに、あなが ないと、水が 下の 方に たまって しまいます。水が 長い 間 たまって いると、ねが くさる ことが あるのです。

平成27年度版 東京書籍 新しい国語2下 111ページより
『あなの やくわり』丹伊田弓子

① うえ木ばちの そこの あなは、何の ための あなですか。 10点

いらない □ を 外に 出す ための あなです。

② うえ木ばちの そこに あなが ないと、どう なる ことが ありますか。 一つ15点

水が □ の 方に 長い 間 たまって、ねが □ ことが あります。

⑰さく じゃがいも

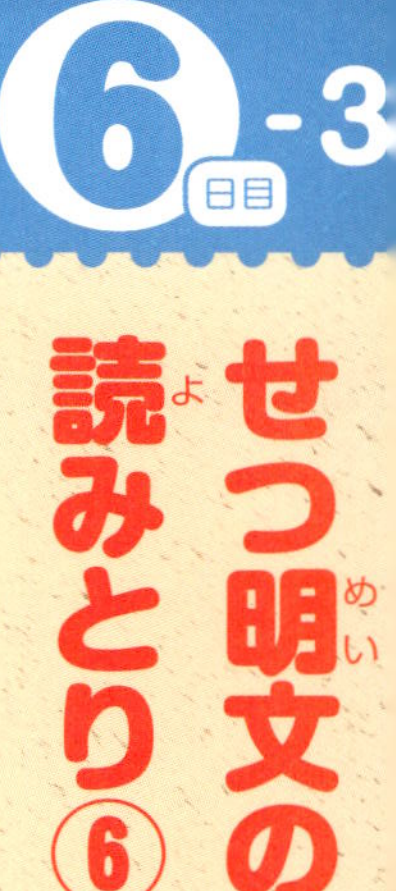

6-3日目 せつ明文の読みとり⑥

1 つぎの 文しょうを 読んで、もんだいに 答えましょう。 一つ20点

たまごから ひなが かえると、親つばめは、きゅうに いそがしく なります。はえや とんぼなど、とんで いる 虫を つかまえて、ひなたちに 食べさせなければ ならないからです。

平成27年度版 三省堂 小学生のこくご2年 42ページより
『つばめの すだち』本若博次

① たまごから ひなが かえると、親つばめは、どう なりますか。

きゅうに [　　　] なります。

② 親つばめは、何を つかまえて、ひなたちに 食べさせるのですか。

はえや [　　　] などの [　　　] いる 虫を つかまえます。

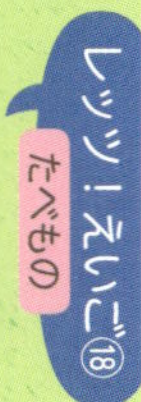

cabbage
[キャベッジ]

2 つぎの　文しょうを　読んで、もんだいに　答えましょう。

オオナモミは、人や　犬などの　どうぶつに、たねを　はこんで　もらいます。

たねが　入って　いる　みは、たくさんの　とげで　おおわれて　います。どうぶつが　近くを　通ると、みは、ふくや　毛に　引っかかって、くっつきます。とげの　先が　まがって　いるので、一ど　くっつくと、かんたんには　外れません。

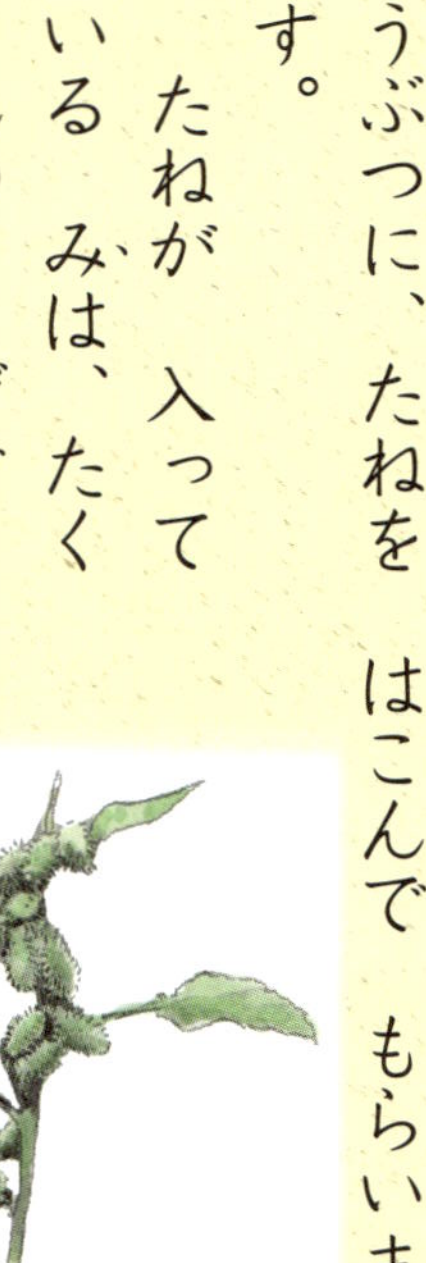

『たねのたび』中西弘樹
平成27年度版　三省堂　小学生のこくご2年　129ページより

① オオナモミは、何に　たねを　はこんで　もらいますか。（10点）

人や　犬などの　＿＿＿＿　に　たねを　はこんで　もらいます。

② オオナモミの　みが、ふくや　毛に　くっつくと、かんたんには　外れないのは、どうしてですか。（一つ15点）

みが　たくさんの　＿＿＿＿　で　おおわれて　いて、その　先が　＿＿＿＿　からです。

⑱ページへ

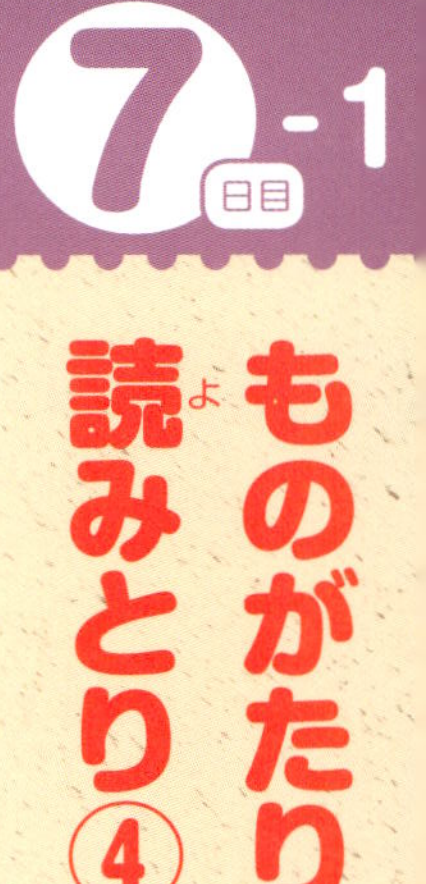

1 つぎの 文しょうを 読んで、もんだいに 答えましょう。 一つ20点

むかし、モンゴルの 草原に、スーホという、まずしい ひつじかいの 少年が いました。スーホは、年とった おばあさんと ふたりきりで、くらして いました。スーホは、おとなに まけない くらい、よく はたらきました。

平成27年度版 光村図書 こくご2下 100ページより
『スーホの白い馬』大塚勇三

① スーホは、だれと いっしょに くらして いましたか。

年とった [　　　　] と くらして いました。

② スーホは、どんな 少年でしたか。

[　　　　] に まけない くらい よく [　　　　] 少年でした。

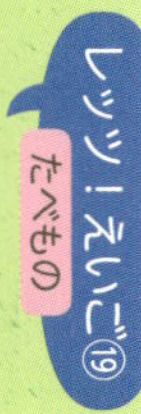

eggplant
[エッグプラント]

2 つぎの 文しょうを 読んで、もんだいに 答えましょう。

子ねずみたちが 歩きだした そのときです。

ニャーゴ
三びきの 前に、ひげを ぴんと させた 大きな ねこが、手を ふり上げて 立って いました。

三びきは、かたまって ひそひそ声で 話しはじめました。

「びっくりしたね。」

「この おじさん だれだあ。」

「きゅうに 出て きて、ニャーゴ だって。」

「おじさん、だあれ。」


『ニャーゴ』宮西達也 平成27年度版 東京書籍 新しい国語2下 131～132ページより

① 「ニャーゴ」と 言って、子ねずみたちの 前に 立ったのは、だれですか。 10点

大きな [　　　] です。

② 子ねずみたちは、どんな 声で 話して いますか。 15点

[　　　] 声です。

③ 子ねずみたちは、ねこの ことを 何と よびましたか。 15点

[　　　] と よびました。

7-2日目 ものがたりの読みとり⑤

1 つぎの 文しょうを 読んで、もんだいに 答えましょう。（一つ25点）

　えっちゃんは、お母さんに 赤い すてきな ぼうしを もらいました。

「うらを 見て ごらん。」

　そう 言われて、ぼうしの うらを 見ると、青い 糸で 名前が ししゅうして あります。

「う、め、だ、え、つ、こ。うふっ。ありがとう。」
　えっちゃんは、ぼうしを ぎゅうっと かぶりました。

平成27年度版　東京書籍　新しい国語２下　10ページより
『名前を　見て　ちょうだい』あまんきみこ

① えっちゃんは、だれに ぼうしを もらいましたか。

（　　　　　）に もらいました。

② ぼうしの うらには、何が ししゅうして ありましたか。

えっちゃんの（　　　　　）が ししゅうして ありました。

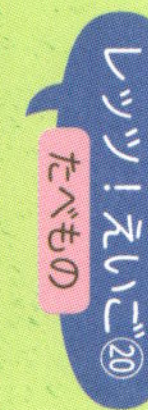

carrot
［キャロット］

2 つぎの 文しょうを 読んで、もんだいに 答えましょう。 一つ25点

「そうだ。」と、すみれちゃんは 言いました。それから 心の 中で、「えらい おねえさんは、朝の うちに しゅくだいを するんだわ。」と 言いました。

同じ ことを お母さんに 言われると、あまり いい 気もちは しません。けれど、自分から 思った ときは、すごく いい 気もちです。すみれちゃんには、それが ふしぎでした。

平成27年度版 光村図書 こくご二下 56〜57ページより
『わたしはおねえさん』石井睦美

① えらい おねえさんは、朝の うちに 何を するのだと、すみれちゃんは 言いましたか。 40

〔 　　　　 を するのだと 言いました。〕

② すみれちゃんは、今、どんな 気もちですか。

〔 　　　　 気もちです。〕

7-3 日目

ものがたりの 読みとり⑥

月　日　点　100点シール

1 つぎの 文しょうを 読んで、もんだいに 答えましょう。 一つ20点

ある日、こおろぎが、にわを さん歩して いました。

お天気は いいし、にわには 花が いっぱい さいて いるし、さん歩は、とても すてきでした。

でも、こおろぎは 言いました。

「ひとりぼっちじゃ、つまんないなあ。」

こおろぎは、友だちが ほしく なって、コーロコロと 歩いて いきました。

平成27年度版 三省堂 小学生のこくご2年 16〜17ページより
『たろうの ともだち』村山桂子

① にわは、どんな ようすでしたか。

［　　］が いっぱい さいて いました。

② こおろぎが、コーロコロと 歩いて いったのは、どうしてですか。

［　　　　　　］からです。

cucumber
［キューカンバァ］

2 つぎの　文しょうを　読んで、もんだいに　答えましょう。

じいさまは、とんぼり　とんぼり　町を　出て、村の　外れの　野っ原まで　来ました。

風が　出て　きて、ひどい　ふぶきに　なりました。

ふと　顔を　上げると、道ばたに　じぞうさまが　六人　立って　いました。

おどうは　なし、木の　かげも　なし、ふきっさらしの　野っ原なもんで、じぞうさまは　かたがわだけ　雪に　うもれて　いるのでした。

おどう…かみさまや　ほとけさまを　まつって　ある　たてもの。

平成27年度版　東京書籍　新しい国語２下　73〜74ページより
『かさこじぞう』岩崎京子

① じいさまは、どこに　来ましたか。（一つ15点）

［　］の　外れの　［　］に　来ました。

② どんな　天気に　なりましたか。（15点）

風が　出て　きて、ひどい　［　］に　なりました。

③ 六人の　じぞうさまは、どんな　ようすでしたか。（15点）

かたがわだけ　［　］に　うもれて　いました。

答え

- 「考え方」を　読みましょう。
- おうちの人に、「おうちの方へ」を読んで　もらいましょう。
- （　）は、答えに　あっても　よい　ものです。

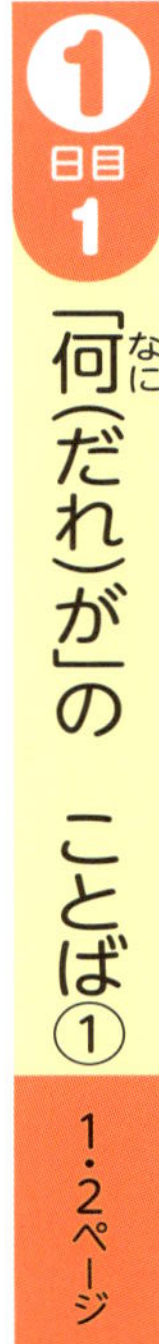

1日目 1　「何(だれ)が」の　ことば①　1・2ページ

1
①ひこうきが　②赤ちゃんが
③せみが

2
①犬が　②夕立が　③男の子が
④先生が　⑤バスが　⑥ひまわりが
⑦友だちが

1日目 2　「どうする」「どんなだ」「何だ」の　ことば①　3・4ページ

1
①光る　②おいしい　③中学生だ

2
①はねる　②ねむる　③なく
④あつい　⑤やわらかい
⑥野さいだ　⑦そうじ当番だ

1日目 3　「何を」「どこで」の　ことば①　5・6ページ

1
①すいか　②てつぼう

2
①公園　②海

3
①絵日記　②虫とり

4
①へや　②すなはま

考え方
絵を　よく　見て　答えましょう。

おうちの方へ
1日目の学習は、主語・述語・修飾語（「何を」「どこで」）を、文からぬきだします。5・6ページでとりあげている「何を」「どこで」は、修飾語です。いずれも述語（「どうした」）にかかっています。これらは述語を「くわしくすることば」だということを覚えておきたいですね。

2日目 1 「何(だれ)が」の ことば② 7・8ページ

1 ①なおき ②風 ③ぼく

2 ①かずや ②まゆみ

2日目 2 「どうする」「どんなだ」「何だ」の ことば② 9・10ページ

1 ①うえました ②きれいです ③くだものです

2 ①行きました ②すずしい ③先生でした

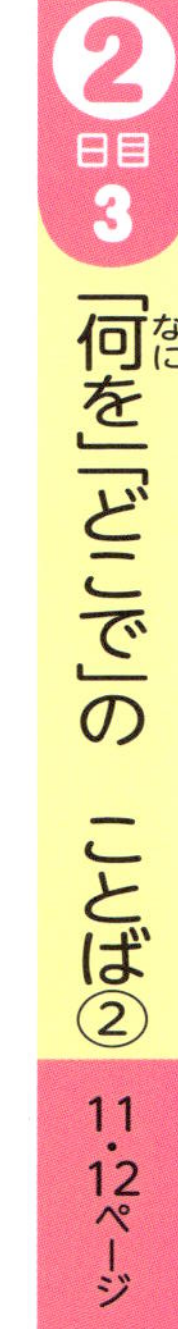

2日目 3 「何を」「どこで」の ことば② 11・12ページ

1 ①まん画 ②カーテン

2 〈れい〉ハンバーグ

3 ①校てい・なわとび ②にわ・犬ごや

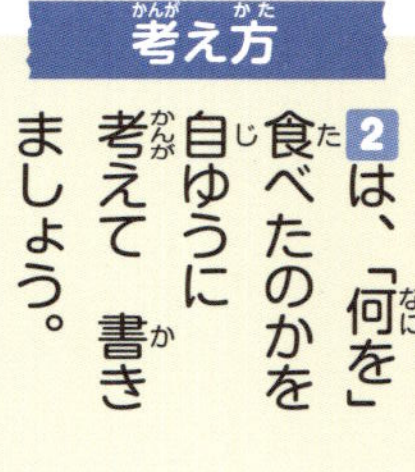

考え方

2は、「何を」食べたのかを自ゆうに考えて書きましょう。

おうちの方へ

2日目の学習は、1日目よりも長い文から、主語・述語・修飾語（「何を」「どこで」）をぬきだします。9ページ1①の「うえました」のように文末が過去形になっていることもあります。文末の形にも注意して答えるようにアドバイスしてみてください。

3日目 1 くわしく する ことば① 13・14ページ

1 ①きのう ②バス ③クレヨン

2 ①友だち ②一時間くらい ③えき・自てん車

3日目 2 くわしく する ことば② 15・16ページ

1 ①白い ②大きな

③こわそうな

2 ①ぐっすり

②ふわふわ

③こおりみたいに

考え方

2の「どのように」は、うごきや ようすを くわしく して います。

3日目 3 くわしく する ことば③ 17・18ページ

1 ①きのう ②お母さん

③レストラン ④おいしい

2 ①午前中 ②プール

③クロール ④一生けんめい

おうちの方へ

3日目の学習は、「いつ」「何に」「だれに」などのさまざまな修飾語を文の中からぬきだして答えます。主語と述語の文の骨組みに、さまざまな修飾語を加えることで、文の内容がより具体的になっていることがわかります。

4日目 1 せつ明文の 読みとり① 19・20ページ

1 ①春 ②黒っぽい

2 ①風 ②すぼんで

4日目 2 せつ明文の 読みとり② 21・22ページ

1 ①三センチ(メートル) ②ふくろ

2 ①ふろしき ②むすぶ

4日目3 せつ明文の読みとり③ 23・24ページ

1 ①カミキリムシ ②大あご

2 ①体 ②前足 ③くまで

おうちの方へ

4日目は、説明文の総合問題です。少し長めの文章を読み、たくさんの問題を解くことで、文章の大事な点をつかみ、内容を正確に読みとる力が身についていきます。

5日目1 ものがたりの読みとり① 25・26ページ

1 ①朝 ②竹やぶ ③はっぱ

2 ①ふきのとう ②ふんばって ③外

考え方

いつ、どこで、だれが…と考えて読んでいきましょう。

5日目2 ものがたりの読みとり② 27・28ページ

1 ①ウーフ ②まど ③はさまり

2 ①かおる ②なく ③ばった

5日目3 ものがたりの読みとり③ 29・30ページ

1 ①(お)昼ね ②ていねい

2 ①せんたくもの ②いっぱい ③天気よほう

おうちの方へ

5日目は、物語の総合問題です。少し長めの文章が出てきますが、まずは楽しんで読むようにすることが大切です。

6日目 1 せつ明文の 読みとり④　31・32ページ

1 ①たね　②三つ・とび出し

2 ①ふやす　②あり・かたまり

6日目 2 せつ明文の 読みとり⑤　33・34ページ

1 ①野さい
②前・くき

2 ①水
②下・くさる

考え方

1①　せつ明文では、といかけの 形の 文で、何について せつ明 しめして いるかを よく ことが あります。

6日目 3 せつ明文の 読みとり⑥　35・36ページ

1 ①いそがしく　②とんぼ・とんで

2 ①どうぶつ　②とげ・まがって いる

おうちの方へ

6日目の学習では、さらに説明文の総合問題に挑戦します。32ページ 2 ①、34ページ 2 ①のように、「何のため」と問われたら、文章中から「～ため」と書かれている部分を見つけるようにアドバイスしましょう。

7日目 1 ものがたりの 読みとり④　37・38ページ

1 ①おばあさん
②おとな・はたらく

2 ①ねこ　②ひそひそ
③おじさん

考え方

2③は、子ねずみたちの ことばから 見つけましょう。

7日目2 ものがたりの読みとり⑤ 39・40ページ

1
①お母さん
②名前

2
①しゅくだい
②（すごく）いい

7日目3 ものがたりの読みとり⑥ 41・42ページ

1
①花
②友だちが　ほしく　なった

2
①村・野っ原
②ふぶき

③雪

おうちの方へ

7日目の学習では、再度、物語の総合問題をやります。物語では、直接には気持ちを表す表現がなくても、登場人物のことばや様子に注目することで気持ちを理解することができます。